Christian Schottenloher

GOTT IN 5 MINUTEN

Wer Gott wirklich ist

Bibliografische Information der Deutschen Nationalbibliothek:
Die Deutsche Nationalbibliothek verzeichnet diese Publikation in der Deutschen Nationalbibliografie; detaillierte bibliografische Daten sind im Internet über http://dnb.dnb.de abrufbar.

© 2016 Christian Schottenloher

Illustration: Ralf Müller

Herstellung und Verlag: BoD – Books on Demand, Norderstedt

ISBN: 978-3-7412-6379-8

Einleitung

Gott in 5 Minuten? Nun, Zeit ist ein kostbares Gut, und gerade für Gott, von dem man ja nicht mal weiß, ob es ihn überhaupt gibt, will man sie sicher nicht unnütz vergeuden. Deshalb habe ich Gott auf 5 Minuten komprimiert, damit man ihn einfach mal schnell auf dem Weg zur Arbeit kennenlernen kann. Und wenn einem das Ganze dann doch nicht gefällt – waren ja nur 5 Minuten. Nicht viel Zeit vertan.

Dies ist kein Gottesbeweis, den es meines Wissens nach gar nicht geben kann. Dies ist eine rein logische Betrachtung. Ich werde rein logisch argumentieren und dabei logisch zwingende Schlüsse liefern. Nicht mehr – und nicht weniger.

Logik ist nicht Ihr Leben? Sie sind nicht Spock? Ich auch nicht, und ich kann Ihnen versichern, dass ich auch keinen IQ von 150 habe. Alles, was Sie für diesen Text brauchen, ist gesunder Menschenverstand und den Willen, über etwas intensiv nachzudenken.

Um das Selbstdenken werden Sie allerdings nicht herumkommen.

Ich möchte im Folgenden über die Unmöglichkeit der Existenz von Zeit die Notwendigkeit der Existenz von Gott herleiten. Oder einfacher ausgedrückt: Ich will aufzeigen, dass es Zeit eigentlich gar nicht gibt, aber es deshalb Gott geben muss.

Dabei betrachte ich Zeit in dem ganz traditionellen Sinn als etwas, das sich kontinuierlich fortbewegt, und zwar in immer nur eine Richtung: von der Vergangenheit in die Zukunft. Was geschehen ist, ist vorbei, unveränderlich, und die Zukunft ist das, was noch nicht geschehen ist/was noch bevorsteht.

Wieso also ist die Existenz von Zeit, wie wir sie kennen, unmöglich?

Wenn wir beim Anfang von allem anfangen, beim Anbeginn der Zeit, dann gibt es dabei zwei denkbare Möglichkeiten: dass bereits unendlich viel Zeit vergangen ist bis jetzt, dass es die Zeit also immer schon gab und dass die Zeit mit einem einzelnen Ereignis erst begann. Eine dritte Möglichkeit gibt es nicht. Eine endlose Schleife, die sich immer wieder aus sich selbst heraus gebiert, ist dabei nicht möglich, denn Zeit, wie wir sie erleben, hat immer einen Anfang. Irgendein Punkt auf der Schleife müsste also der erste, der Anfang sein, doch dann ist es ja keine endlose Schleife mehr. Oder anders gesagt, ohne ersten Punkt, an dem ich den Stift auf dem Papier ansetze, lässt sich die Schleife nicht zeichnen. Eine wirklich endlose Schleife ohne Anfang wäre das Gleiche wie eine unendliche Zeit, denn auch in dieser unendlichen Schleife müsste dann bereits unendlich viel Zeit bis jetzt vergangen sein.

Ich werde also von den zwei möglichen Varianten die der unendlichen Zeit zuerst betrachten, eine Zeit, die in beide Richtungen unendlich ist, in der also bereits unendlich viel Zeit vergangen ist und noch unendlich viel Zeit vergehen wird. Wie ist sie unmöglich? Nehmen wir einfach den Zeitpunkt des Lesens dieses Buches. Vor diesem Zeitpunkt müsste bereits unendlich viel Zeit vergangen sein – logisch wie mathematisch unmöglich.

Denn wenn diese „unendliche Zeitspanne" schon verstrichen wäre – und das müsste sie ja sein, sonst könnten Sie hier nicht gerade dieses Buch lesen –, dann wäre die Zeitspanne endlich. Nur etwas mit einem Ende kann schon vorbei sein; wenn es kein Ende hat, dann ist es auch noch nicht vorbei. Und das Ende ist nicht das Lesen dieses Buches, die Zeit läuft schließlich immer weiter, also muss – MUSS – das Ende der Zeit in der Vergangenheit liegen – die aber unendlich ist: logisch unmöglich.

Der logische Widerspruch liegt somit in dem willkürlichen Punkt auf der unendlichen Zeitskala, dem Jetzt. Wir nehmen das Lesen dieses Buches als Ende unserer Zeitspanne von unendlich zuvor bis jetzt. Bis jetzt muss eine feste Zeit vergangen sein, nämlich unendlich. Doch dadurch, dass diese Zeitspanne festgelegt wird, wird sie auch endlich. Eine festgelegte Zeitspanne muss messbar sein, sonst ist sie nicht festgelegt. Und messbar ist sie nur, wenn sie endlich ist. Mit dem Messen einer unendlichen Zeit beziehungsweise Strecke würde man schlichtweg nie fertig. Die unendliche Zeitspanne bis zum Jetzt muss also endlich sein: unmöglich, ein logischer Widerspruch.

Es kann also rein logisch nicht bereits unendlich viel Zeit vergangen sein.

Bleibt die Erklärung mit dem Anfang, dem Urknall, dem „Was-auch-immer-als-Erstes-war". Doch was war davor?

Und da sind wir gleich in einem doppeltem Dilemma: Etwas, egal was, kann nicht von sich aus sein, es muss immer aus etwas entstehen. Das ist eine der grundlegendsten Erkenntnisse der Logik: Von nichts kommt nichts, ohne Ursache keine Wirkung.

Wenn nichts da ist, das etwas macht oder etwas geschehen lässt, dann wird auch nichts geschehen. In diesem Punkt stimmt die teilweise doch etwas abstrakte Logik zu 100 Prozent mit dem überein, was man alltäglich erfährt: kein Schlag, keine Beule; kein Regen, keine nasse Kleidung; kein Geld, kein Einkauf. Ohne irgendetwas, das agiert, also etwas tut, wird einfach nichts geschehen. Kein Urknall, ohne dass vorher etwas war, aus dem er entstand. Aber dieses erste Etwas, der Anfang, kann auch nicht – siehe oben – unendlich viel Zeit, unendlich viele „Das-war-davor" zuvor gehabt haben. Damit müsste bereits unendlich viel Zeit vergangen sein, und das habe ich gerade vorhin als logisch unmöglich aufgezeigt.

Und daraus folgt der einzig logische Schluss:
Zeit ist eine Illusion. Sie hat keinen Anfang, und sie war auch nicht bereits seit jeher, also schon immer vorhanden.

Das, was wir als Zeit erleben, gibt es so nicht.

Die einzige Möglichkeit eines Ursprungs, eines „Anfangs", ist ein Urzustand ohne Zeit, aus dem heraus die Zeit, der Raum und all die Dinge unseres Weltalls, unseres Daseins, entstanden sind.
Der Urzustand ist einfach, da er keine Zeit haben kann, die nur eine Illusion ist, der Urzustand ist ein einziger immerfort währender Moment, in dem alles ist, was ist.
Das mag völlig unvorstellbar sein, aber es ist die einzig mögliche logische Erklärung.
Alles muss somit zugleich, in einem einzigen Moment, an einem einzigen Ort sein: Alles, was ist, ist völlige Einheit, ohne jede Art von Trennung. Alles ist eins.
 Und da sind wir auch ganz nah an dem, was die großen Weltreligionen Gott oder Gottes Reich nennen: den unbewegten Beweger, das Alpha und das Omega, das Nirwana, das Paradies. Der Zustand, aus dem alles

entstand und in den alles zurückgehen wird – natürlich nur aus unserer Perspektive. Denn auch wenn es nur eine Illusion ist, wir, als Teil dieser Illusion, können das alles erleben, was es letztlich nicht gibt: Zeit, Raum, Getrenntheit. Der Urzustand ist Einheit, für die wir das Wort Liebe haben, und in diesen Urzustand kehrt alles, wenn es die Illusion verlässt, zurück. Gott ist somit das Einzige, was wirklich ist, das Einzige, was überhaupt sein kann, und alles – auch wir – ist Teil davon. Und sobald wir die Illusion der Zeit und des Raumes – kein Raum ohne Zeit – durchschauen, sie verlassen, kehren wir in diesen einzig wahren Zustand der Existenz zurück.

Warum das Ganze? Warum hat Gott diese Illusion überhaupt „erschaffen"?
Nun, dieser Urzustand, dieses Alles-was-Ist, ist völlige Einheit. Es kann nichts außerhalb von ihm geben, jede Art der Trennung würde eine Existenz von Raum und Zeit voraussetzen, die ich bereits oben am Bei-

spiel der Zeit logisch widerlegt habe. Aber jegliche Art von Erkenntnis setzt ein Gegenüber voraus, einen Spiegel, in dem man sich erkennen kann. Wenn es kein Gegenüber gibt, nur einen selbst, gibt es schlichtweg keine Möglichkeit, irgendeine Art der Erkenntnis über sich selbst zu ziehen. Wenn Sie monatelang durch die Wildnis irren würden, ohne Spiegel, ohne jedes ruhige Gewässer, dann wüssten Sie nicht, wie Sie aussehen, es sei denn durch Ertasten. Aber dieses Ertasten ist bereits ein Gegenüber, die Finger gegenüber Ihrem Gesicht. Ohne jegliche spiegelnde Oberfläche, ohne Abtasten wäre jegliche Erkenntnis, wie Sie aussehen, unmöglich.

Dieses Problem gilt immer, universell, was unseren „Urzustand" vor ein Problem stellte: Er ist alles, was ist, zugleich, auch völlige Erkenntnis, alles nur Erdenkliche. Aber erleben, erfahren, was er ist, das war auch ihm unmöglich, denn zur Erfahrung fehlte ihm ein Spiegel. Also erschuf er ihn. Er erschuf das Weltall und alles, was es darin gibt, inklusive uns Menschen.

Er teilte sich in unzählige kleine Teile auf, und durch das alles, was es nun gibt, erfährt sich Gott als das, was er ist: Alles.

Doch diese Aufteilung ist nur eine Illusion, es gibt, ja es kann weiterhin nur die völlige Einheit geben, alles andere würde eine Existenz von Raum und Zeit voraussetzen, die es nicht gibt, wie ich anhand der Zeit aufzeigte. Diese Illusion ist am ehesten mit einem Traum zu verstehen: Gott träumt die Welt, das Universum, wie in einem Wachtraum, in dem man sich völlig bewusst ist, dass man träumt, und keiner würde sagen, dass der Traum, den er träumt, nicht zu ihm, zu Gott gehört, obwohl er natürlich auch nicht der Traum selbst ist.

Der Traum, die Erschaffung der Illusion, dient somit einem einzigen großen Zweck: zu erfahren, zu erleben, wie es ist, Gott zu sein.

Damit das möglich war, musste Gott die Teile, die er von sich abspaltete, dazu bringen, zu vergessen, dass sie Gott sind: in unserem biblischen

Sprachgebrauch der Sündenfall.

Nur dadurch war es möglich, dass sich die unzähligen Teile, in die er sich aufspaltete, als das erfahren können, was sie sind. Denn wenn sie alles wüssten und alles könnten, könnte kein Teil genau die Erfahrung machen, die er gerade macht. Sie sind Ihren Job los? Na und? Sie sind Gott, schwupp, schon sind Sie der Chef. Und überhaupt, warum arbeiten? – Ab auf die Luxusjacht und Party, Highlife. Verstehen Sie das Problem? Wenn jeder Teil alles wüsste, würde er nie die Entscheidungen treffen, die dieser Teil eigentlich treffen würde, wenn er ganz er ist, nur dieser Teil. Deshalb das Vergessen. So kann – und muss – jeder Teil, jedes bewusste Wesen, jeder Mensch genau das erleben, wozu er erschaffen wurde.

Und so kann Gott in jedem dieser Teile, in jedem dieser Träume erfahren, genau dieser winzige Teil seiner selbst zu sein. Und in der Erfahrung all dieser unzähligen Teile nimmt er sich in seiner ganzen

Pracht, in seiner ganzen Fülle wahr.

Zwei ergänzende Betrachtungen:

Warum Zeit nicht existieren kann aus ewig fortlaufender Sicht

Auch die Betrachtung der Zeit in die andere Richtung, also zum Ende hin, hat ein grundlegendes Problem. Wenn man also annimmt, dass die Zeit immerfort weiterläuft, was ja rein logisch nicht unmöglich wäre (im Gegensatz zum unendlich zurückliegenden Anfang), dann kommt man mit genug Nachdenken doch an einen Punkt, an dem das ganze Gebäude zusammenbricht. Wenn man davon ausgeht, dass aus etwas nicht plötzlich nichts werden kann, dann kann auch nicht ein Bewusstsein, wie jeder von uns Menschen es hat, einfach komplett verschwinden. Und wenn man nun weiter davon ausgeht, dass dieses Bewusstsein immerfort existieren wird, dann kann es, in diesem Fall der Mensch, zu dem es gehört, sich auszumalen versuchen, wie seine zukünftige Existenz aussehen beziehungsweise verlaufen wird.

Man lebt seine Leben, ein paar Dutzend, ein paar Hundert, ein paar Tausend, doch wie viel Zeit, wie viele Leben auch vergehen, man ist vom Ende des Daseins noch immer unendlich weit entfernt.

Und je weiter man sich in die Zukunft denkt, desto schlimmer wird es: Man kann einfach kein Ende finden, auf das alles hinsteuert. Man denkt immerzu: Und was kommt danach, und was danach? Und wenn man eine Million Leben gelebt hat, ist das immer noch nichts, eine Milliarde Leben ebenfalls. Selbst eine unvorstellbar große Zahl, nämlich so viele Leben gelebt zu haben, wie es Atome im Universum gibt, selbst nach dieser Anzahl an gelebten Leben wäre man immer noch unendlich weit vom Ende alles Daseins, von seinem Ziel, auf das man hinsteuert, weg. Das Bewusstsein dreht sich im Kreis, immer schneller werdend in der Frage: Was kommt danach? Und danach? Und danach? Das Universum hätte in einem einzigen Aufschrei des Schmerzes vergehen müssen, wenn dieses kollektive Bewusstsein aus all den Einzelseelen diesen Gedanken der völligen Ziel- und damit der völligen Sinnlosigkeit des Daseins erkannt hätte.

Auch wenn dieser Gedanke der Sinnlosigkeit nicht rein logisch zwingend ist, wenn man sich einmal in diesem Strudel der Gedanken des „Was kommt danach?" verfangen hat, dann erscheint einem die Unmöglichkeit der letztlichen Existenz von Zeit noch viel zwingender als in die Richtung der Vergangenheit, ja einfach unumgänglich. Auch wenn die reine Logik die eine Richtung verbietet, diese Unmöglichkeit in einem Moment des essenziellen Schmerzes selbst zu erleben, ist noch beeindruckender und lässt jeden Zweifel verblassen.

Warum es wichtig ist, einen Bezugspunkt im Leben zu haben

In der Mathematik gilt: Ohne Koordinatensystem kein Bezugspunkt. Und ohne Bezugspunkt bleibt jede Erkenntnis relativ.

Analog verhält es sich im Leben. Wenn ich keinen Bezugspunkt habe, kann ich den Wert meiner Leistung nicht einschätzen. Wenn ich in einer einsamen Hütte in der Wildnis aufgewachsen wäre und nie erfahren hätte, wie tief andere Menschen tauchen können, dann wäre jedes Untertauchen im See ein rein persönliches Erlebnis. Ich könnte mir einen 5 Meter langen Stock nehmen, ihn in Ufernähe ins Wasser stecken und dann bis zum Grund an ihm hinuntertauchen, und das könnte sehr wohl für mich eine große Leistung sein. Aber ich wüsste nie, als wie groß, als wie besonders ich sie einstufen kann oder soll, da ich ja nicht weiß, wie tief denn andere Menschen tauchen können.

Ich wüsste einfach nie, welchen Wert meine Leistung

hat.

Noch schlimmer wäre ein fehlender Bezugspunkt mitten in einer Wüste. Wer sich dort in einem Sandsturm verlaufen hat und keinen Zugang zu modernen Navigationsmitteln (GPS) hat, der ist dort gestrandet und wird dort sterben, es sei denn, das Schicksal meint es gut mit ihm. Aber aus eigener Kraft überleben wird dort nahezu unmöglich. Und genau in diesem Dilemma befinden sich Menschen, die ihren Bezug zu Gott, zu ihrem Ursprung verloren haben: Sie irren rastlos, ziellos umher. Sie rennen all den materiellen Gütern und Verheißungen dieser Erde nach, und je mehr sie davon erhalten, desto mehr merken sie, dass es ihnen nichts bringt: Sie haben dann zwar (fast) alles, was sie sich wünschten, haben aber immer noch keine Ahnung, was sie wirklich wollen. Denn ihnen fehlt der Bezug, der Ursprung, das „Wo geht es hin?" und das „Wie fing alles an?". Sie irren ziellos in ihrem Leben umher, denn sie haben keinen Bezugspunkt, kein Koordinatensystem, kein GPS, das ihnen anzeigt, wo sie sich befinden. Sie haben sich eine Oase mitten in der Wüste erschaffen, ohne jede Ahnung, wie sie dort hinkamen, und mit keinem blassen Schimmer, wie sie von der je wegkommen werden. Sie umscharen sich mit Leuten, die ihre Oase bevölkern, ja es entstehen wahre Städte mitten in der Wüste, doch keiner von ihnen hat eine Ahnung, wo sie wirklich sind und wie sie dort wegkommen. Jeder versichert dem anderen, er habe doch alles, was er braucht, alles im Überschwang, Luxus, Dolce Vita. Und jeder fühlt, dass etwas fehlt, dass er so von hier nie wegkommen wird und auch nie erfahren wird, von wo er herkommt und wer er wirklich ist.

Das ist das Leben ohne Gott, ohne Ursprung, ohne Bezugspunkt.

Wer einmal erkannt hat, und sei es auch nur mit dem Verstand und nicht mit dem Herzen, dem Gefühl, dass alles letztlich eins ist, alles eins sein muss, und diese Illusion sich letztlich wieder in völlige

Einheit auflösen wird, der sieht die Welt mit anderen Augen.

Dem ist der Porsche plötzlich nicht mehr so wichtig wie das Vorankommen auf dem Weg, dem Weg des Lebens.

Das bedeutet nicht völligen Verzicht. Und es bedeutet nicht ewigen Schmerz. Aber es bedeutet, ständig selbst darüber nachzudenken und zu fühlen, was man wirklich will und was gut für einen ist. Und das dann auch zu tun. Und selbst wenn es dann Schmerz bedeuten sollte, so ist das Ziel zumindest klar: Rückkehr zur Einheit, Überwinden der Illusion durch deren Durchleben und letztlich Durchschauen.

Und plötzlich kann einen kein Schreckgespenst namens ewige Pein, die Hölle, mehr erschrecken. Plötzlich ist der Verlust aller materiellen Güter in diesem Leben nicht mehr der völlige Untergang. Plötzlich ist die Angst vor dem Vergehen ins ewige Nichts nicht mehr von Belang. Man weiß, wo man herkam, und man weiß, wo sein Weg enden wird. Man hat vielleicht keine Ahnung, wie lange er dauert, und auch nicht recht, wie er verläuft, aber es ist klar, er wird am Ziel enden. Am richtigen Ziel. Sicher.

Das nimmt einem zwar nicht den Schmerz, den man im Leben des Öfteren erfährt, und auch nicht die Verzweiflung, wenn man etwas verliert, von dem man dachte (oder denkt), ohne das nicht leben zu können. Aber es gibt einem die Gewissheit, dass dieser Zustand nicht von Dauer ist. Und zwar nicht, weil man dem Gott, dem Allmächtigen, durch seinen Schmerz und seine Entbehrung opfert, sondern weil Er wir ist und wir Er. Wir sind eins. Und völlige Einheit ist Liebe, und völlige Liebe kennt keinen Schmerz.

Literatur

Auch wenn dieses Büchlein ohne die Zuhilfenahme von anderen Büchern direkt in meinem Kopf entstanden ist, so hat mein Denken natürlich Grundlagen.

Ich möchte deshalb gerne die Bücher nennen, bei denen ich zuerst beziehungsweise am deutlichsten mit dem jeweiligen Sachverhalt in Berührung kam:

Walsch, Neale Donald: Gespräche mit Gott. Ein ungewöhnlicher Dialog; Buch1, München: Goldmann, 1997. Darin:

-Die Schöpfungsgeschichte; Gott, der alles erschafft und sich dadurch erfährt: Seite 47-51

-Gott ist wir alle und alles was ist: Seite 52

-Erfahrung als Ziel der Seele: Seite 134

Walsch, Neale Donald: Gespräche mit Gott. Gesellschaft und Bewußtseinswandel; Band 2, 8. Auflage, München: Goldmann, 1998. Darin:

-Es gibt nur die Gegenwart, das Jetzt;

Alles geschieht jetzt: Seite 58 - 59

-Liebe ist alles, was ist: Seite 75

Walsch, Neale Donald: Gespräche mit Gott. Kosmische Weisheit; Band 3, 11. Auflage, München: Goldmann, 1999. Darin:

-Vergessen als Mittel von Gott zur Selbsterfahrung: Seite 78

Dethlefsen, Thorwald: Schicksal als Chance. Das Urwissen zur Vollkommenheit des Menschen; Vollständige Taschenbuchausgabe, München: Goldmann, 1979. Darin:

-Definition, was Gott ist: Seite 177 - 178

-Vergleich von Gottes Schöpfung mit einem Traum: Seite 180

Außerdem möchte ich gerne allen Wesen danken, die mir bei der Entstehung dieses Büchleins geholfen haben, insbesondere jenen, die ich gar nicht wirklich bemerkte und deren Schutz ich erhielt oder die ich nur als Inspiration spürte.